김치 덛
주세요

김치 더 주세요

2012년 6월 20일 초판 1쇄 펴냄 · 2016년 6월 17일 초판 4쇄 펴냄

펴낸곳 | 꿈소담이
펴낸이 | 김숙희
글 · 그림 | 백명식

주소 | (우)02834 서울특별시 성북구 성북로8길 29 B1
전화 | 747-8970 / 742-8902(편집) / 741-8971(영업)
팩스 | 762-8567
등록번호 | 제307-2002-53호(2002. 9. 3)

홈페이지 | www.dreamsodam.co.kr
북 카 페 | http://cafe.naver.com/sodambooks
전자우편 | isodam@dreamsodam.co.kr

ISBN 978-89-5689-801-8 64000

김치 더 주세요

글 · 그림 **백명식**

소담 **주니어**

꼬르륵~ 꼬르륵~ 배고파

맛있는 불고기 햄버거가 먹고 싶어.
아니, 그것보다 치즈가 듬뿍 올라간
커다란 피자가 더 좋아.
아냐 아냐. 오동통한 양념치킨은 어떨까.
아~ 너무 배가 고프니까 심술이 나네.

동물 친구들을 초대했어.

다들 좋아하는 음식을 먹고 있잖아.

그런데 **왜** 우리는 먹고 싶은 것을 마음대로 못 먹지?

엄마의 말씀

"아~ 매콤새콤해."

"시원하고 짭짤한 게 맛 좋은걸."

우리나라 사람들은 엄마젖을 떼고
밥숟가락을 들면서부터 김치를 먹기 시작해.
하지만 김치를 싫어하는 친구들이 많아.
그건 김치가 얼마나 맛있고
영양가가 많은 음식인지 잘 몰라서야.
김치가 햄버거나 피자보다 훨씬 영양가가 높고
맛이 좋다는 것을 곧 알게 될 거야.

햄버거 싫어!
김치 먹을래.

김치

김치는 왜 몸에 좋을까?

우리 몸에 좋은 유산균은 장 속에 있는 나쁜 세균들의 활동을 방해해.
김치 1kg에는 6~8억 마리나 되는 엄청난 수의 좋은 유산균이 들어 있어.
김치 한 쪽만 먹어도 수억 마리의 유산균을 한꺼번에 먹는 셈이지.
그리고 섬유질이 대부분인 채소는 똥을 잘 누게 도와주고 장을 튼튼하게 해 줘.
또, 김치 담글 때 꼭 필요한 고추에는 캡사이신이란 성분이 들어 있어.
이 캡사이신은 소화가 잘 되게 도와주고 살이 찌는 것을 막아 주지.

김치에는 어떤 재료들이 들어갈까?

김치를 담글 때 주로 들어가는 재료는
배추, 무, 오이, 미나리, 고들빼기, 더덕 등이야.
이 밖에도 먹을 수 있는 채소는 거의 다 넣어 담글 수 있어.
입맛에 따라 도라지, 우엉, 굴, 새우, 찹쌀, 동태, 밴댕이 등을 넣기도 하지.
김치의 짭조름하면서 깊은 맛을 내기 위해서는
새우젓, 황석어젓, 곤쟁이젓 등 여러 가지 젓갈을 넣어.
조미료는 아주 조금만 살짝, 간을 맞추기 위해
짭짤한 소금도 살짝, 달짝지근한 설탕도 조금만.

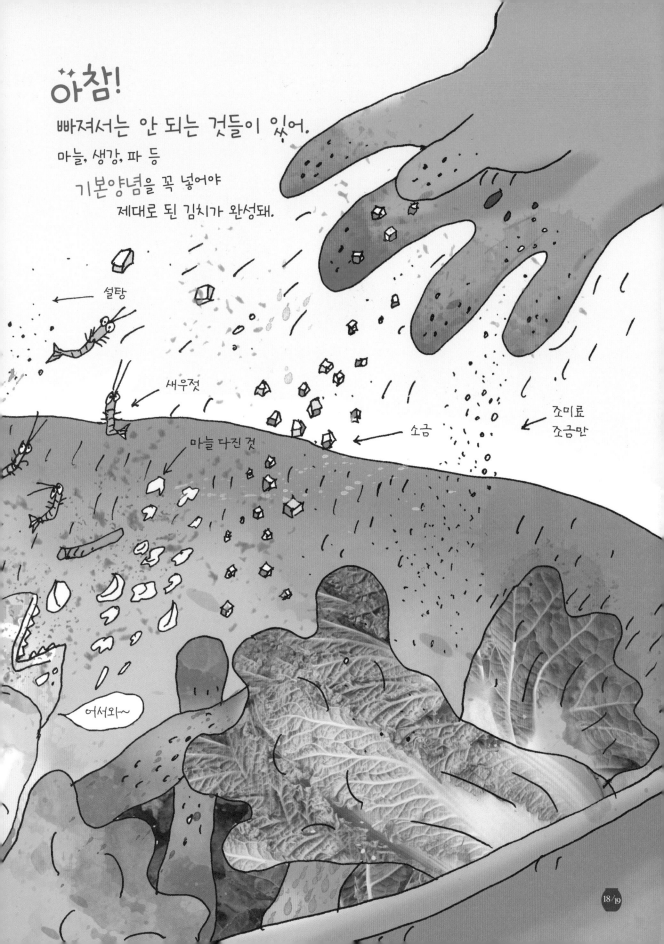

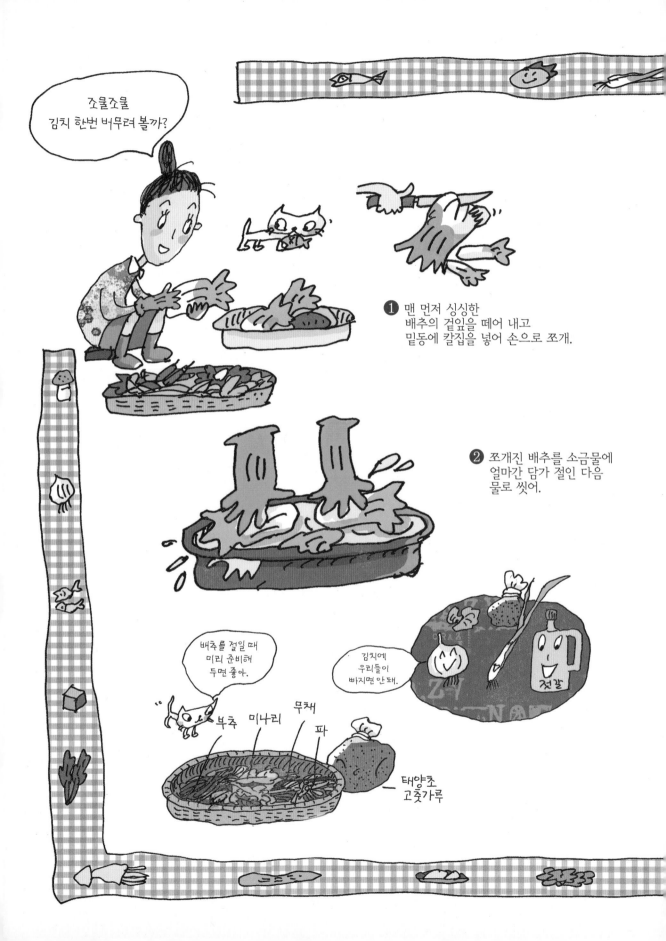

아직
멀었니?

적당한
크기로
잘라.

채칼로
쏙쏙!

❸ 배추 속에 들어갈 소는 따
로 준비해. 마늘과 생강을
콩콩 찧어 놓고, 파는 김
치 종류에 따라 잘게 썰거
나 길게 썰어.

❹ 소로 쓰일 잘게 썬 무와 파,
미나리, 갓 등을 양념에 넣고
신 나게 버무려.

❺ 쪼글쪼글 절여진 배추의
잎사귀 사이사이에 만들어
놓은 소를 쏙쏙 집어 넣어.

김치 냉장고보다
숨쉬는 항아리에
보관하면
맛이 더 좋아.

❻ 곁에 있는 잎사귀로 오물조물
배추를 싸 독안에 담으면

김치 담그기 끝!

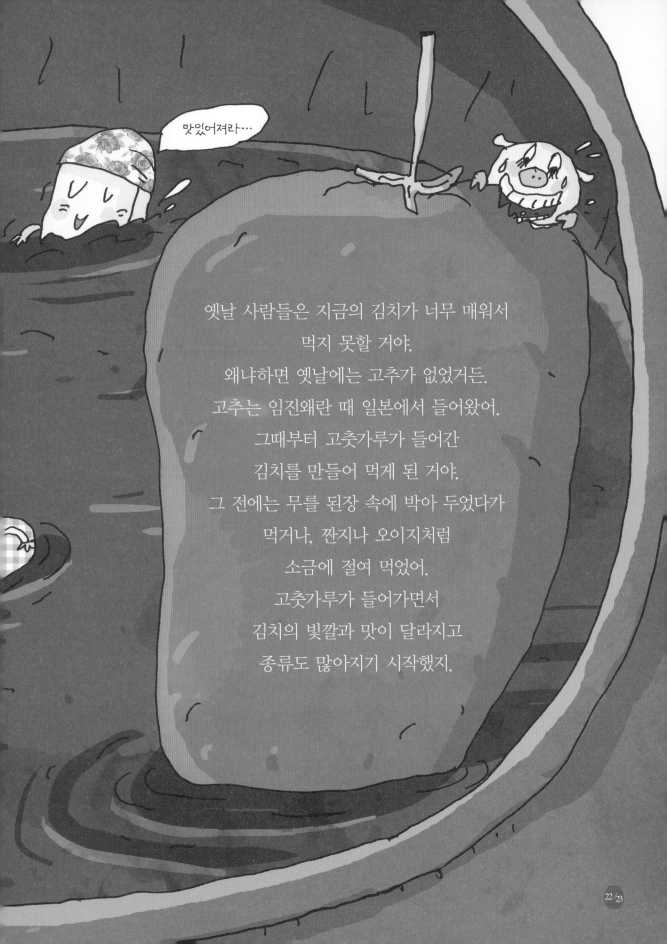

맛있어져라…

옛날 사람들은 지금의 김치가 너무 매워서
먹지 못할 거야.
왜냐하면 옛날에는 고추가 없었거든.
고추는 임진왜란 때 일본에서 들어왔어.
그때부터 고춧가루가 들어간
김치를 만들어 먹게 된 거야.
그 전에는 무를 된장 속에 박아 두었다가
먹거나, 짠지나 오이지처럼
소금에 절여 먹었어.
고춧가루가 들어가면서
김치의 빛깔과 맛이 달라지고
종류도 많아지기 시작했지.

김치를 맛있게 저장하려면?

아삭아삭 맛있는 김치를 오래 먹으려면 무엇보다 보관이 중요해.

김치 냉장고나 땅속에 보관하면 좋아.

김치를 보관할 때는 항상 똑같은 온도를 유지하는 게 중요해.

김치가 시어지지 않도록 하기 위해서는 0~5℃를 유지하는 게 제일 좋아.

5℃ 이상으로 올라가면 빨리 시어지고,

0℃ 밑으로 내려가면 얼어 버리니까 조심!

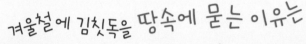

겨울철에 김칫독을 땅속에 묻는 이유는
김치가 어는 것을 방지하기 위해서야.
땅속은 온도의 변화가 심하지 않거든.

숨구멍

가마에서 구워 낸 김치 항아리에는 눈에 보이지 않는 수많은 작은 구멍이 뚫려 있어. 바로 이 숨구멍 때문에 김치 맛이 좋게 발효되는 거야.

김칫독이 없다고?

그럼 냉장고에 보관하면 돼. 0℃의 냉장고에서는 3개월까지 보관할 수 있어. 냉장고가 없는 옛날에는 차가운 우물 속이나 흐르는 냇물에 넣어 보관했어.

참! 김치를 꺼낼 때는 마른손으로 꺼내야 돼. 젖은 손으로 꺼내면 손이 닿은 부분에 곰팡이가 필 수 있거든. 꺼낸 후에는 꾹꾹 눌러 빈 공간을 채운 후 뚜껑을 꼬옥 닫는 것도 잊지 말고. 왜냐하면 공기가 통하면 김치가 빨리 시어지기 때문이야.

김칫독 저장하는 방법도 가지가지

땅을 파서 김칫독을 묻고 그 위를 짚으로 덮어서 보관했어.
묻혀 있는 김칫독 위에 원뿔 모양의 움집을 만들어 씌우기도 했지.
대가족이 사는 집에서는
따로 김치광을 만들어 저장했어.

중부 지방

남부 지방

김칫독이 없어도 맛있는
김치를 먹을 수 있도록 만든
김치 저장고들이야.

신라 시대에 돌로 만든 김치 항아리야.

옹기를 구하기 힘든
산골에서 사용한 나무로
만든 김칫독이야.

이중으로 된 겹 김치 항아리야.

짚을 덮어 만든 김치광이야.

유산균이 듬뿍!

김치 속에는 요구르트와 치즈에 들어 있는 유산균이
많이 들어 있어.
이 유산균은 세균들이 나쁜 병을 일으키지 못하게 막아 줘.
김치를 맛있게 해 주고 시큼시큼 군침 도는 냄새도
유산균이 만들어 내는 거야.

쑥—쑥
똥이
잘 나와.

김치 속에 들어가는 고춧가루에는
비타민C가 많이 들어 있어.

김치의 발효 과정을 알아볼까?

김칫독 안에는 여러 가지 채소가 함께 버무려져 있어.
김치의 발효가 시작되면 당분, 아미노산, 비타민, 무기질 등이
소금과 함께 미생물의 활동을 도와줘.
이때 김치 속에 있는 나쁜 세균들은 죽고, 몸에 좋은
유산균들은 쑥쑥 늘어나지.

김치 유산균이 최고야.

나쁜 세균을 한번에 뻥~!

김치에는 몸에 좋은 영양소가 많이 들어 있어

저 철이 아닌데…

힘을 내자. 아자!

비타민A
우리 몸의 저항력을 길러 주는 영양소야. 세포가 새로 생기는 것을 도와주고 숨을 쉬는 기도와 위, 장을 보호해 줘.

어딜 감히?

비타민C
비타민C는 피부와 잇몸을 건강하게 해 주고 암 같은 무서운 병을 막아 줘.

칼슘
칼슘은 뼈와 이를 튼튼하게 해 줘. 칼슘이 부족하면 뼈와 이가 흐물흐물 약해져.

끙!

김치 유산균으로 화장품도 만들어

과학자들이 김치 유산균을 연구하여 화장품을 만들었어.

식품이나 화장품에는 상하는 걸 막기 위해 방부제를 넣어.

방부제는 당연히 몸에 해롭겠지?

과학자들은 김치 유산균이 방부제보다

항균 효과가 뛰어나다는 것을 알아냈어.

우리는 몸에 좋은 유산균!

김치 속에서 자라는 유산균은 항균 작용이 뛰어나고 피부에도 자극이 없어 화장품 원료로 쓰인다.

김치 속 효모

생김새 : 붉은색을 띠고, 동그랗게 생겼어.

특징 : 김치 속에서 유산균과 사이좋게 살고 있어.

먹이 : 단 물질이나 김치에서 우러나오는 국물을 먹고 살아.

번식 : 출아법으로 번식해.

김치에 숨어있는 과학을 찾아 볼까?

항균 작용을 해

김치 속에 사는 유산균은 장 속의 나쁜 균들을 꼼짝 못하게 해.

장염을 예방해

김치의 주재료인 채소에는 섬유소가 많이 들어 있어. 섬유소는 장이 활발하게 움직이도록 도와 똥을 잘 누게 하여 장을 깨끗하게 청소해 줘.

위대한 김치씨의 말을 잘 들어 봐.

끙!

산 중독을 예방해

고기를 많이 먹으면 우리 몸 안의 피가 산성이 되어 산 중독에 걸릴 수 있어. 고기에는 산이 많이 들어 있거든. 김치를 많이 먹으면 몸이 산성화되는 것을 예방할 수 있어. 김치는 훌륭한 알칼리성 식품이기 때문이야.

노화를 막아 줘

김치를 먹으면 혈관이 두꺼워지거나 굳어지는 것을 막을 수 있어. 혈액이 우리 몸속을 잘 돌게 도와주는 거야. 그리고 간에 지방이 쌓이는 걸 막아 주고, 몸이 산성화되는 것을 막아 줘. 그러면 쭈글쭈글한 주름도 없어지겠지.

암을 예방해

김치의 재료인 채소는 대장암을, 마늘은 위암을 예방해 줘.

성인병을 예방해

비만, 고혈압, 당뇨병 같은 병을 성인병이라고 해. 김치에는 성인병을 예방하는 물질이 많이 들어 있어.

시큼시큼 신김치가 싫다고?

양념을 많이 넣으면 김치가 빨리 시어지고 물러져.
시지 않은 김치를 오래 먹으려면
배추를 절일 때 소금을 조금 더 뿌려주면 돼.
마늘이나 생강, 굴 등을 덜 넣어도 천천히 시어져.
옛날에는 김치가 시어지는 것을 막기 위해
김치 포기에 달걀을 묻어 두기도 했어.
그러면 신기하게도 신맛이 없어졌지.

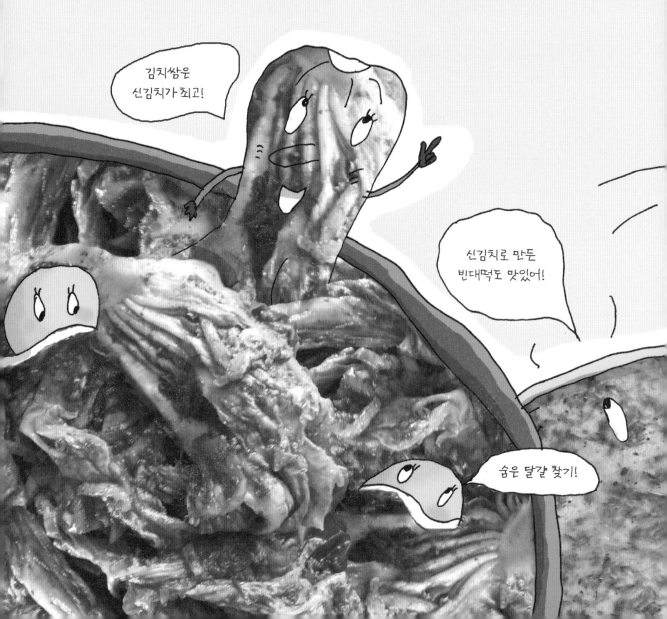

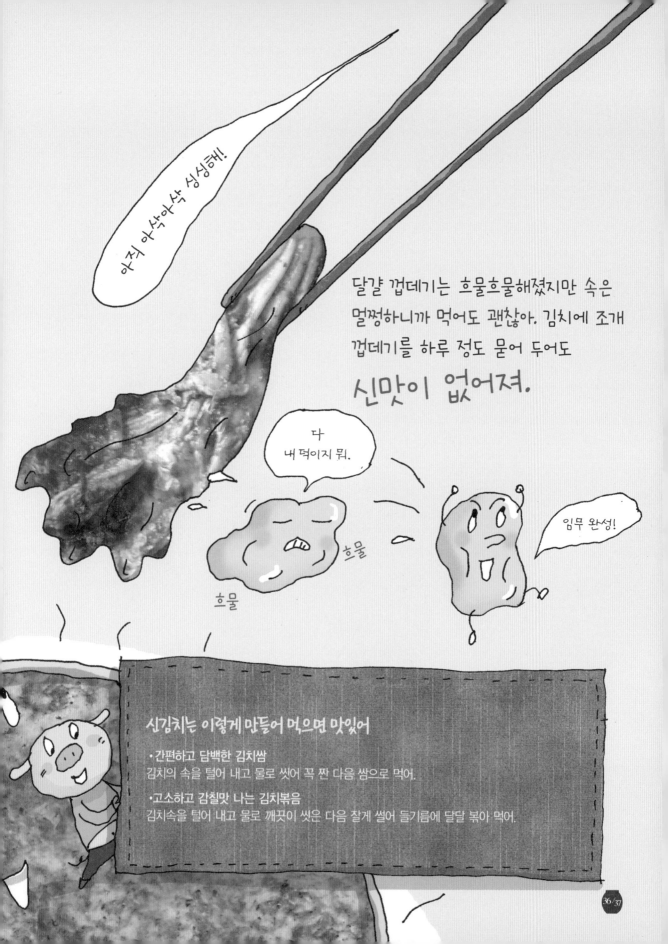

여러 종류의 김치

여름에 먹는
오이소박이는
참 맛있어.

무 대신
당근으로 담그면
맛있을 텐데.
잇힝~

오이소박이
연한 오이를 토막 내고 칼집을
넣어 소금에 절인 다음 소를
채워 익힌 여름철의 김치야.
오이 향기와 아작아작 씹히는
맛이 좋고 국물도 시원하지.
오이소박이는 소에 젓갈을 넣
지 않고 고춧가루를 적게 넣어
국물을 많이 하는 것이 좋아.

총각김치
총각김치로 쓸 무는 밑동이 위쪽보다 퍼지고 살이
통통하고 짤막한 것이 좋아. 무청이 달린 채로 가
느다란 것은 통째로 쓰고, 굵은 것은 2쪽 또는 4
쪽으로 쪼개어 담가. 김치통에 꾹꾹 눌러 담고 뚜
껑을 덮은 뒤 그늘에서 1~2일 익혀서 먹으면 아삭
아삭 맛있는 총각김치 완성!

시원한
나박김치
나가요.

나박김치

무를 네모 모양으로 얇게 썰어서 소금에 절였다가 건져내 깨끗이 씻은 다음 항아리에 파, 마늘, 생강 등의 양념을 넣어. 그리고 나서 미나리와 실고추를 썰어 항아리에 담고, 물을 붓고, 짭조름한 맛이 나도록 소금으로 간을 맞춰. 이후 2~3일이 지나면 맛있게 익어.

보통 많이
담가 먹는 것들이야.

동치미

통무로 담그는 김치야. 주로 김장철에 담그는 것이 특징이야. 무를 4센티미터 정도 크기의 원통형으로 자른 뒤에 소금에 절였다가 국물을 부어 넣고 발효시켜 먹어.

파김치

쪽파로 담그는 김치야. 쪽파를 한 뼘 정도의 크기로 자른 뒤에 고춧가루와 젓갈 등으로 버무리면 끝. 자르지 않고 통째로 담가 먹기도 해.

얼음 동동,
동치미 나가요~

으물·으물~

피곤할 때 왜 '파김치가 됐다'고 할까?

파는 다른 채소와 달리 원래 꼿꼿한 모습을 하고 있지만 일단 소금에 절이면 금방 풀이 죽어 축 늘어져 버려. 그래서 힘없이 축 처진 사람들을 보고 '파김치 같다'고 말하는 거야.

긴 겨울밤에는 얼음 동동 동치미가 최고!

눈 내리는 겨울밤,
할아버지 할머니가 화롯불을 사이에 두고
군고구마를 드시고 계셔.
이때 빼놓지 않고 같이 먹는 것이 무엇인지 알아?
바로 얼음이 동동 뜬 동치미야.

뜨끈뜨끈 구수하고 달콤한 고구마와
아삭아삭하고 시큼 짭짤 동치미.

고구마 먹을 때 국물을 함께 마시면 목이 메지도 않고
소화도 잘 되고 얼마나 맛있는지 몰라.
동치미 국물에 국수를 말아 먹는 것도 떼놓을 수 없지.
동치미 국수는 겨울철 별미 중의 별미야.

시원한 동치미를 담가 볼까?

고추를 삭힌 다음 물기를 헝겊으로 깨끗하게 닦아.
항아리 바닥에 양념 주머니를 넣고 그 위에 무와 배, 쪽파, 고추
등을 쌓아. 그 다음 간을 맞춘 소금물을 항아리에 부으면 완성!
참! 내용물들이 떠오르지 않게 둥글넓적한 돌로 눌러 놓아야 해.
며칠 지나면 동치미에 흰곰팡이가 동동 떠오를 거야.
흰곰팡이를 없애려면 배 껍질을 띄워 놓으면 간단하게 해결!

소금물을 붓고 15일 정도 평편한 돌로 눌러 놓아.

흰곰팡이가 끼면 배 껍질을 띄우면 돼~지.

평편한 돌

양념 주머니

배껍질

흰곰팡이

파뿌리

생강

마늘

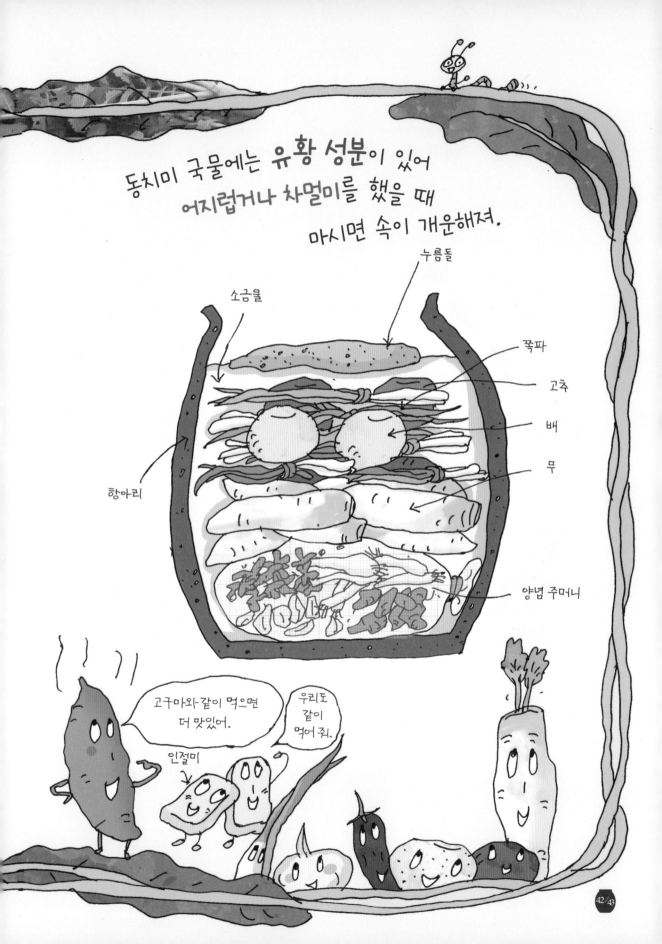

꼴깍 꼴깍
침 넘어가는 김치요리들

김치요리 재료 나갑니다~

김치볶음밥

김치라면

김치만두

김치라면
라면이 끓을 때 김치를 송송 썰어 넣으면 끝!

김치볶음밥
밥에 신김치랑 양파, 당근, 고기 등을 넣어서 달달 볶으면 끝! 취향에 따라 다양한 재료를 넣으면 더 맛있게 먹을 수 있어!

김치전
묽은 밀가루 반죽에 김치를 쭉쭉 찢어 넣고 프라이팬에 기름을 술술 두른 다음 부치면 고소한 냄새가 솔솔!

김치만두
우선 김치를 잘게 썰어 두 손으로 꼭 짜서 물기를 제거해. 두부를 으깨서 다진 돼지고기와 같이 볶은 다음 준비한 김치를 넣고 버물버물, 만두소 완성!
미리 마련해 둔 만두피에 만두소를 넣고 조물조물 빚으면 맛있는 김치만두 탄생!

김치찌개

김치 피자

김치 햄버거

두부김치

김치 햄버거
돼지고기와 김치, 양파를 다져 스테이크 소스와 후추로 간을 해. 준비된 반죽을 동그랗게 빚은 다음 달걀과 빵가루를 입혀서 프라이팬에 구워. 이제 빵 사이에 채소와 함께 끼워 넣으면 김치 햄버거 완성!

김치 피자
김치를 물에 한 번 헹군 다음 송송 썰어서 버터에 살살 볶아. 피자 소스와 볶은 쇠고기, 잘게 썬 채소들을 준비해. 그런 다음 빵 반죽에 피자 소스를 넉넉하게 바르고 볶은 김치와 채소, 치즈, 옥수수 등을 모두 올려 오븐에 30분쯤 구우면 김치 피자 완성!

김치찌개
김치찌개는 물과 김치만 있으면 돼. 돼지고기나 멸치, 꽁치, 참치를 넣으면 금상첨화!

다른 나라에도 김치와 비슷한 음식들이 있어

김치는 우리나라 전통음식이지만 다른 나라에도
소금에 절이거나 발효를 이용한 음식들이 있어.
절인 음식은 잘 상하지 않기 때문에 오래 보관하며
먹을 수 있어.

독일의 식탁에
자주 오르는
음식이야.

사워크라우트 : 양배추를 잘게 썰어
소금에 절여 만든 음식이야.

맛있는 김치.
우리도 좋아해.

아차르 : 피클의 일종으로 고추,
당근 등의 채소나 과일을
절인 음식이야.

인도 장아찌야.

추운 겨울 동안 채소를 먹기 위해 지혜를 짜낸 요리법이지.

파오차이 : 우리나라의 물김치와 비슷해.
짜차이, 쑤안차이, 옌차이 : 배추나 오이를 각각 장이나 식초, 소금에 절여 만든 중국 발효 음식이야.

중국은 고춧가루를 사용 안 해.

우메보시 : 매실을 장에 담가 발효시킨 음식이야.

다꾸앙 : 소금에 절인 무를 쌀겨 등에 파묻어 발효시킨 음식이야.

일본도 고춧가루를 사용 안 해.

세계의 음식

여러 나라 사람들이 먹는 음식은 비슷한 음식도 있고 다른 음식도 있어. 나라마다의 환경과 여건에 따라 생긴 음식은 고유의 역사와 문화를 가지고 있지. 비슷한 음식은 서로의 교류를 통해 조금씩 바뀐 것이라고 할 수 있어.

똥 냄새 풀풀 나는 밭에 가면

농약을 쓰지 않아서 우리 몸에 더 좋은 유기농 농산물들이 있지.

공장에서 만든 화학비료보다 똥, 오줌으로 만든 천연비료가 훨씬 좋아.

농약을 안 쓰면 벌레가 많이 생긴다고?

아냐, 아냐! 사마귀, 무당벌레, 새 들이 나쁜 벌레들을 잡아먹어.

벌레가 **스물스물** 기어 다니고,
구멍이 **숭숭** 뚫린 배춧잎.
벌레가 얼씬도 못 하게 **치이익!**

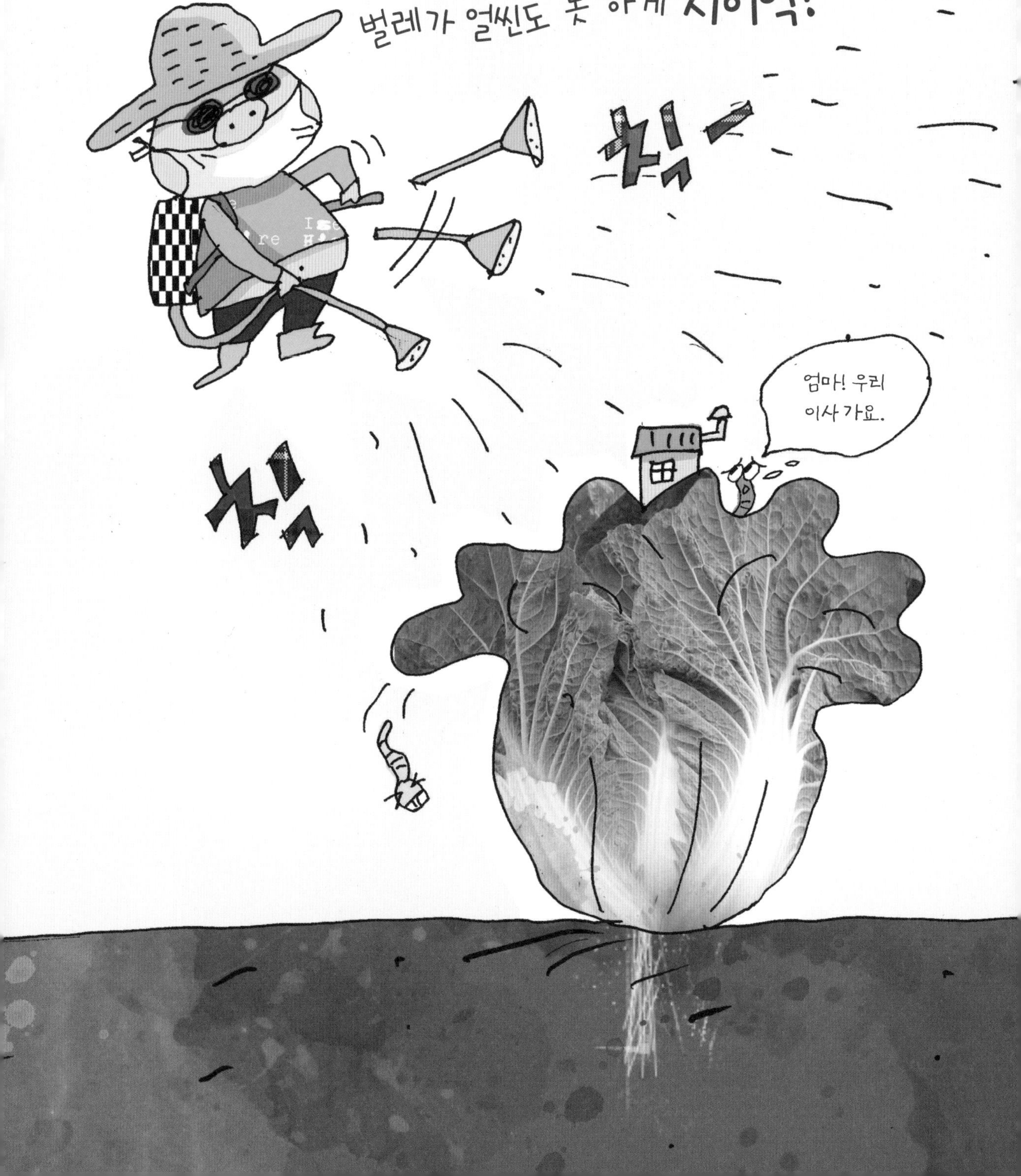

배추 옆에 잡풀이 자라지 못하게 다시 치이익!
때깔 좋고 예쁘게 자라라고 또
치이익! 치이익! 치익!
보기에는 좋지만 온갖 농약이 잔뜩 묻은 배추는 싫어.
벌레가 스물스물 기어 다녀도 좋아.
벌레가 먹어 구멍이 숭숭 뚫린 배추가 좋아.

우리 집 텃밭에 쓰일 거름 만들기

농약을 쓰지 않아도 문제 없어.
볏짚이나 가축의 똥으로 만든 거름을 써서 채소를 키우면 돼.
농약을 뿌리지 않으면 무당벌레, 사마귀, 잠자리 들이
마음 놓고 해충들을 잡아먹거든.
지렁이들이 거름을 먹고 똥을 누면 땅이 기름져진다고.

자! 거름을 만들어 볼까?

거름에는 똥, 오줌이 최고야.

조개껍데기나
굴 껍데기도 모아.

재(쓰레기, 나무, 종이를
태워 만듬)를 모아.

기름을 짜고 남은 깨의 찌꺼기도
모아.(방앗간에서 구함)

쌀겨나 왕겨도 같이 모아.
(이런 것들은 정미소에서 구함)

거름으로 써야지.

거름을 만들 때 재료에 약간의 물기가 있는 것이 좋아. 그냥 물보다는 영양가 있는 오줌이 좋고.

몸에 해로운 **농약**이나 화학비료보다
자연 그대로가 좋아,

다 털은 깨나 볏짚,
콩깍지나 잔 나뭇가지도 모아.

식구들의 오줌 →

처음에는 냄새가 좀 나지만
며칠 지나면
구수한 냄새가 나.

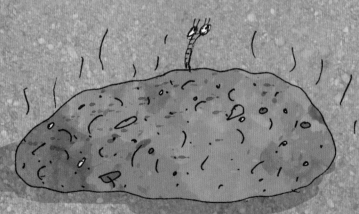

이런 것들을 한테 모아 골고루
섞어 주면 최고의 거름 완성!

쪼글쪼글 고추 말리기

고추가 고춧가루로 변했네.
햇볕에 고추를 말리면 빛깔이 선명하고
매운맛이 강해져.
이렇게 만들어진 고춧가루를 태양초라고 해.
또 하나, 열을 이용하여 말린 고추인
화건초도 있어.

김치 추가요~!

누가 뭐래도 김치가 최고!

내가 가장 좋아하는 음식이 뭐게?

햄버거? 스파게티?

아니야, 아니야. 그것은 바로바로 김치!

누구나 다 알고 있는 사실이지만 엄마는 언제나 말씀하시지.

"김치에는 장을 튼튼하게 해 주는 젖산이 듬뿍 들어 있어.

그뿐인 줄 아니? 몸에 좋은 유산균은 또 얼마나 많다고.

그래서 한국인은 요구르트를 따로 먹을 필요가 없어."

김치의 효능이 대단하다는 걸 안 일본사람들은

우리에게서 김치 담그는 법을 배워 가

과학적으로 연구해 만든 김치를 미국이나 유럽에 팔고 있어.

그만큼 우리 김치가 몸에 좋다는 걸 외국인들도 인정하는 거지.

다른 나라의 음식이 아무리 맛있다고 해도

나에겐 역시 김치가 최고!

맛있는 밥상 시리즈는 우리가 즐겨 먹는
음식의 좋은 점과 고마움을 생각해 보는 책입니다.

"엄마, 김치 먹기 싫어. 난 햄버거가 좋단 말이야."

"된장찌개 냄새 싫어. 스파게티 만들어 주세요."

아이들이 엄마에게 투정을 부립니다.

빠르게 들어오는 서구의 음식문화는 우리 아이들의 입맛을 바꾸어 버렸지요.

순수한 자연의 맛을 살려 정성껏 만드는 우리 전통 음식은 기후나 사회, 문화적인 배경으로 형성되어 왔습니다. 사계절 구분이 뚜렷한 기후, 적당한 강수량과 일조량은 농사를 짓기에 더할 나위 없이 좋은 조건을 만들어 주었습니다. 농사의 발전으로 쌀과 잡곡이 많이 생산되면서 다양한 떡이 만들어졌지요.

그뿐인가요? 산에 가면 온갖 산나물이 무궁무진하지요. 채소가 귀한 겨울철을 대비해 지혜롭게 나물을 말려 두었다가 묵나물로 먹기도 했습니다.

또 삼면이 바다로 둘러싸여 있어 수산물이 풍부하고, 수산물을 식품으로 오래 보관할 수 있게 장, 젓갈류 등의 발효식품이 일찍부터 발달되어 왔어요.

특히 우리 음식은 정성과 노력이 많이 드는 음식입니다. 인스턴트 음식은 쉽고 빠르게 먹을 수 있는 장점이 있지만 정성 가득한 우리 전통 음식에 비하면 영양이 많이 부족하지요.

우리나라에서 나는 신선한 재료로, 정성 듬뿍 담아 만든 우리 밥상으로 건강한 어린이들이 되기를 바랍니다.

지은이 백명식

★추천의 글

부모님이 나를 낳아 주셔서 고맙습니다.

우리는 그 보답으로 잘 먹어서 건강한 몸을 지키는 것이

한평생 제일 중요합니다.

좋은 음식은 사랑이 담긴 음식입니다.

그중 김치는 한국음식문화를 대표하는 우리의 자랑입니다.

이 책은 김치가 얼마나 건강에 좋은 음식인가를 쉽고 재미나게

그리고 표현해서 어린이뿐 아니라 어른도 김치가 먹고 싶게 합니다.

조상의 지혜와 정성이 담긴 김치를 먹고 건강한 나를 만들어

김치를 통해서 세계적인 건강인이 되기를 바랍니다.

한복선
(한복선 식문화연구원 원장, 궁중음식연구원 이사)

우리 음식이
최고!

백명식 글·그림

백명식 선생님은 경기도 강화에서 태어나 미술대학에서 서양화를 전공했어요.
출판사 편집장을 지냈으며, 직접 쓰고 그린 책으로『울 엄마 아빠 어렸을 적에』『위대한 쌀과 밥』『콕콕 찍어 가르쳐주는 호기심 교과서』등이 있고,
그린 책으로『나 하나쯤이야』『책 읽는 도깨비』『책 읽어 주는 바둑이』『이이화 역사 할아버지가 들려주는 발효 이야기』『다짐 대장』등이 있어요.
사보, 잡지, 캘린더, 벽화 등 다양한 활동을 하지만 주로 어린이를 위한 일에 온힘을 쓰고 있지요.
중앙광고대상, 서울일러스트상, 2008년 한국일보 선정 올해의 일러스트레이터상을 수상했답니다.

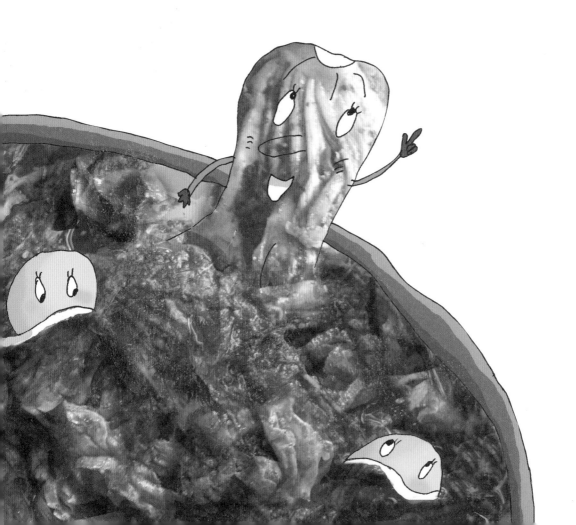